Impressum
Verlag: BABADADA GmbH, Nedderfeld 112 , 22529 Hamburg
Geschäftsführer / Verlagsleitung: Harald Hof
Druck: Books on Demand GmbH, In de Tarpen 42, 22848 Norderstedt

Imprint
Publisher: BABADADA GmbH, Nedderfeld 112 , 22529 Hamburg, Germany
Managing Director / Publishing direction: Harald Hof
Print: Books on Demand GmbH, In de Tarpen 42, 22848 Norderstedt, Germany

sekolahan

школа

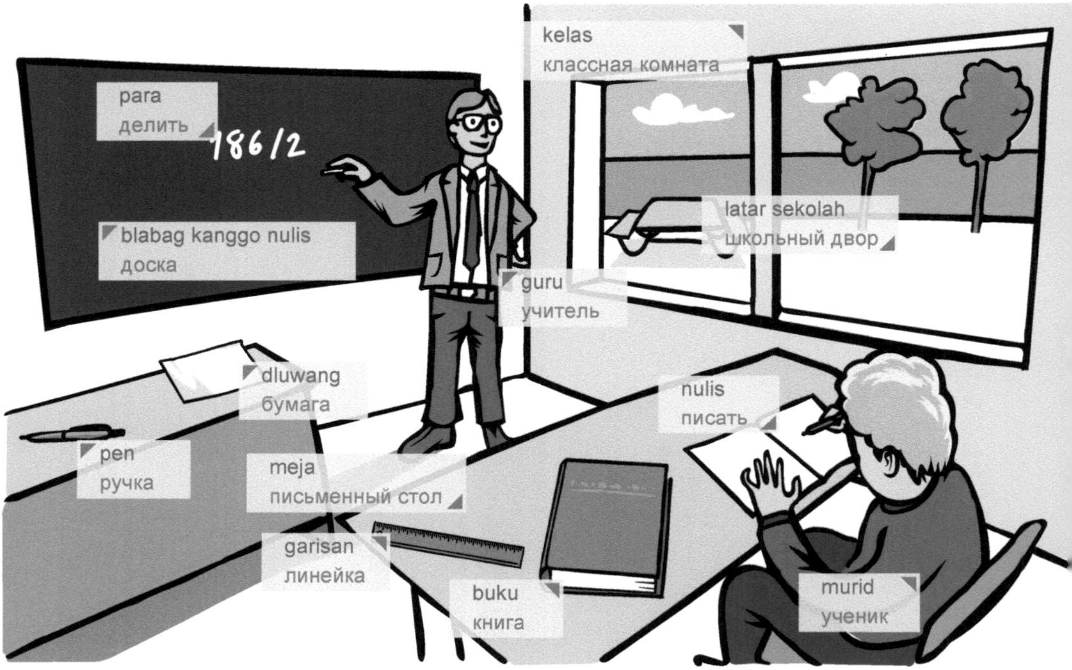

kelas
классная комната
para
делить
186/2
latar sekolah
школьный двор
blabag kanggo nulis
доска
guru
учитель
dluwang
бумага
nulis
писать
pen
ручка
meja
письменный стол
garisan
линейка
buku
книга
murid
ученик

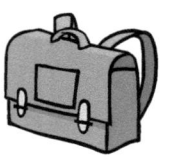

tas sekolah

ранец

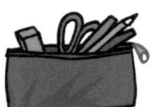

tepak potlot

пенал

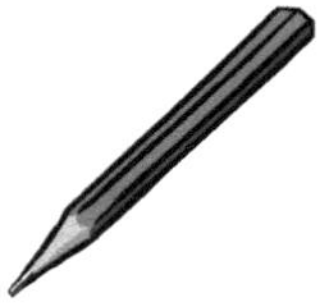

potlot

карандаш

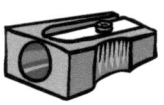

orotan potlot

точилка

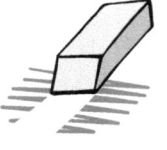

setip

ластик

lemek nggambar

альбом для рисования

gambar

рисунок

kuwas

кисточка

tepak cat nggambar

коробка красок

gunting

ножницы

lem

клей

buku latihan soal

тетрадь

pakaryan omah

домашняя работа

12

angka

цифра

2+2

tambah

прибавлять

5-2

suda

вычитать

2×2

ping

умножать

itung

считать

A

aksara

буква

ABCDEFG HIJKLMN OPQRSTU VWXYZ

abjad

алфавит

tembung

слово

teks

текст

maca

читать

kapur

мел

wulangan

урок

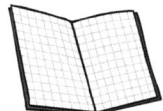

dhaptar

классный журнал

ujian

экзамен

sertipikat

диплом

sragam sekolah

школьная форма

pendhidhikan

образование

ensiklopedia

энциклопедия

universitas

университет

mikroskop

микроскоп

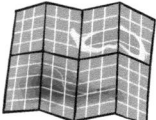

peta

карта

kranjang larahan

корзина для бумаг

perjalanan
путешествие

hotel
гостиница
Grand
hostel
турбаза
ROOMS
or pertukaran duit mancanegara
т обмена валюты
koper
чемодан
mobil
автомобиль

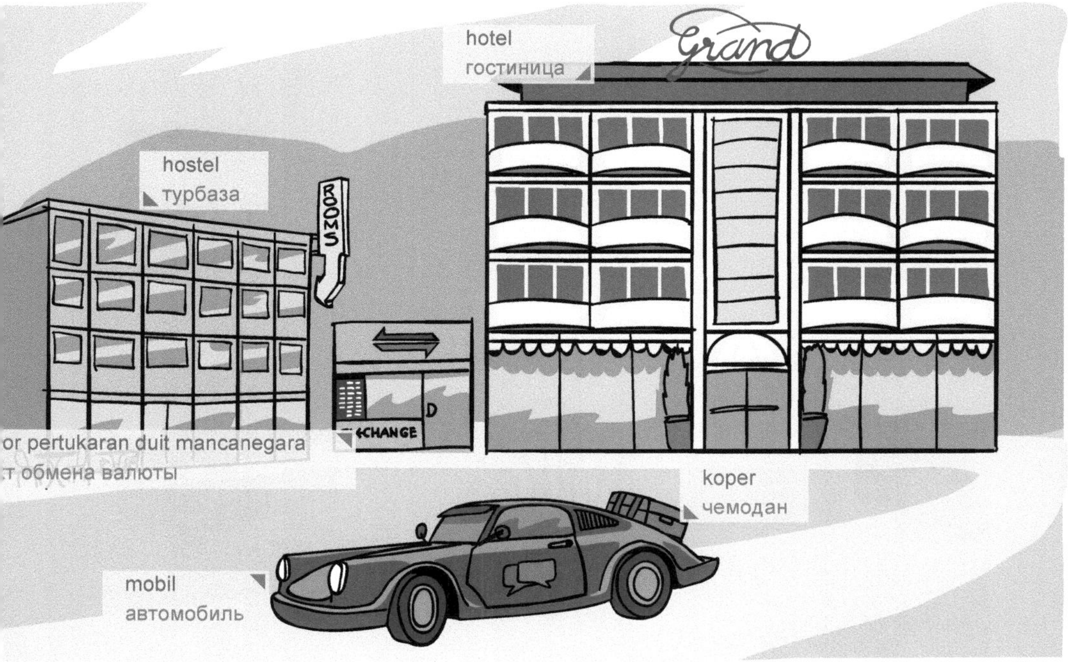

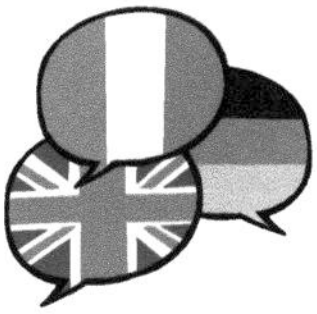

basa

язык

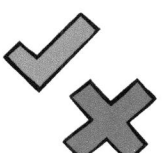

iya / ora

да / нет

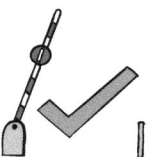

oke

хорошо

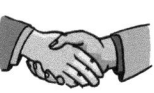

halo

Привет

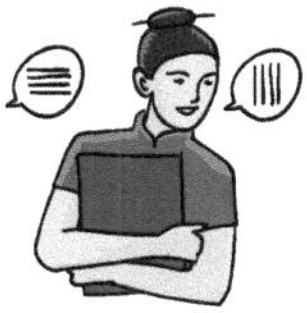

juru basa

переводчик

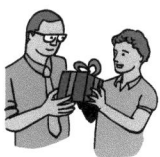

matur nuwun

Спасибо

Piro regane ...?

Сколько стоит...?

aku ora ngerti

Я не понимаю

masalah

проблема

Sugeng dalu!

Добрый вечер!

Sugeng enjang

Доброе утро!

Sugeng dalu!

Доброй ночи!

pareng

До свидания

arah

направление

koper

багаж

tas

сумка

ransel

рюкзак

tamu

гость

kamar

комната

kantong turu

спальный мешок

tenda

палатка

informasi turis

туристическая информация

pantai

пляж

kertu kredit

кредитная карточка

sarapan

завтрак

mangan awan

обед

mangan ing wayah bengi

ужин

tiket

билет

lift

лифт

perangko

почтовая марка

watesan

граница

cukai

таможня

kedutaan

посольство

visa

виза

paspor

паспорт

angkutan
транспорт

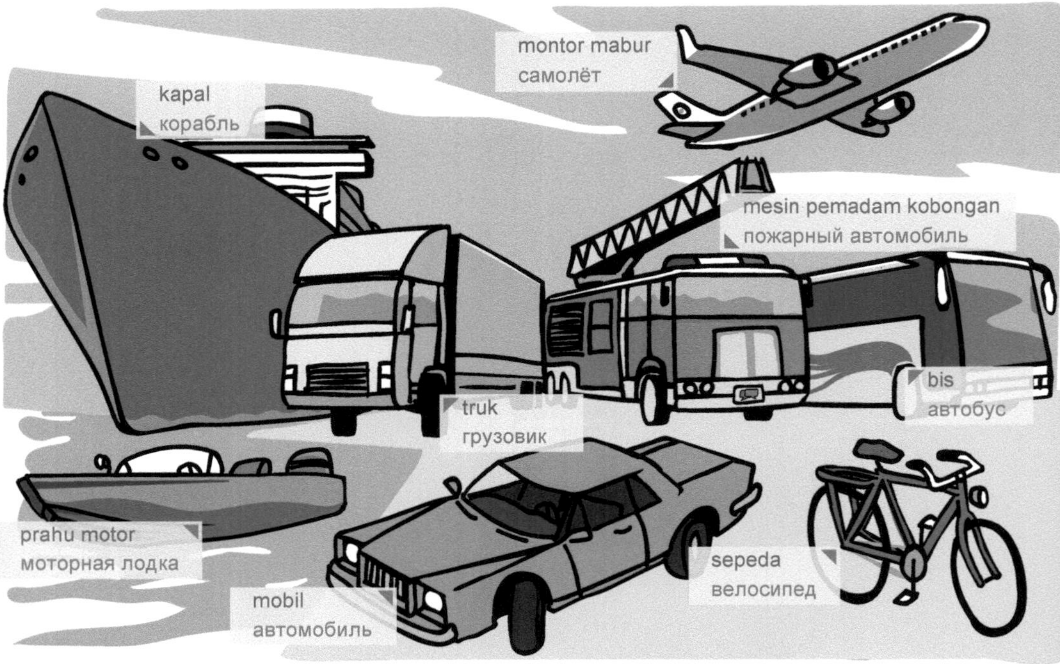
montor mabur
самолёт
kapal
корабль
mesin pemadam kobongan
пожарный автомобиль
bis
автобус
truk
грузовик
prahu motor
моторная лодка
sepeda
велосипед
mobil
автомобиль

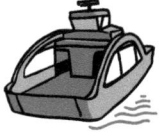

feri

паром

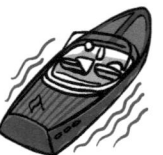

perahu

лодка

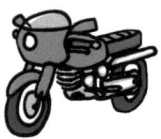

sepeda motor

мотоцикл

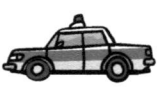

mobil polisi

полицейский автомобиль

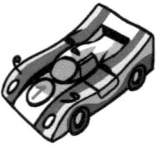

mobil balapan

гоночный автомобиль

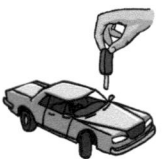

mobil sewa

арендованный автомобиль

sewa mobil

совместное пользование
автомобилями

truk derek

буксировочный
автомобиль

truk resek

мусоровоз

motor

двигатель

bensin

топливо

pom bensin

заправка

tanda dalan

дорожный знак

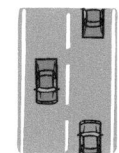

lalu lintas

движение

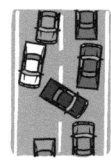

macet

пробка

parkir mobil

автостоянка

stasiun sepur

вокзал

ril sepur

рельсы

sepur

поезд

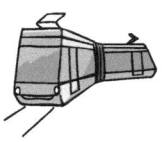

tram

трамвай

grobak

вагон

helikopter
вертолёт

lapangan montor mabur
аэропорт

menara
вышка

penumpang
пассажир

kontener
контейнер

kerdhus
коробка

troli
тележка

kranjang
корзина

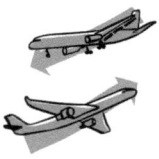

mabur / ndarat
взлетать / приземляться

kutha

город

desa
деревня

tengah kutha
центр города

omah
дом

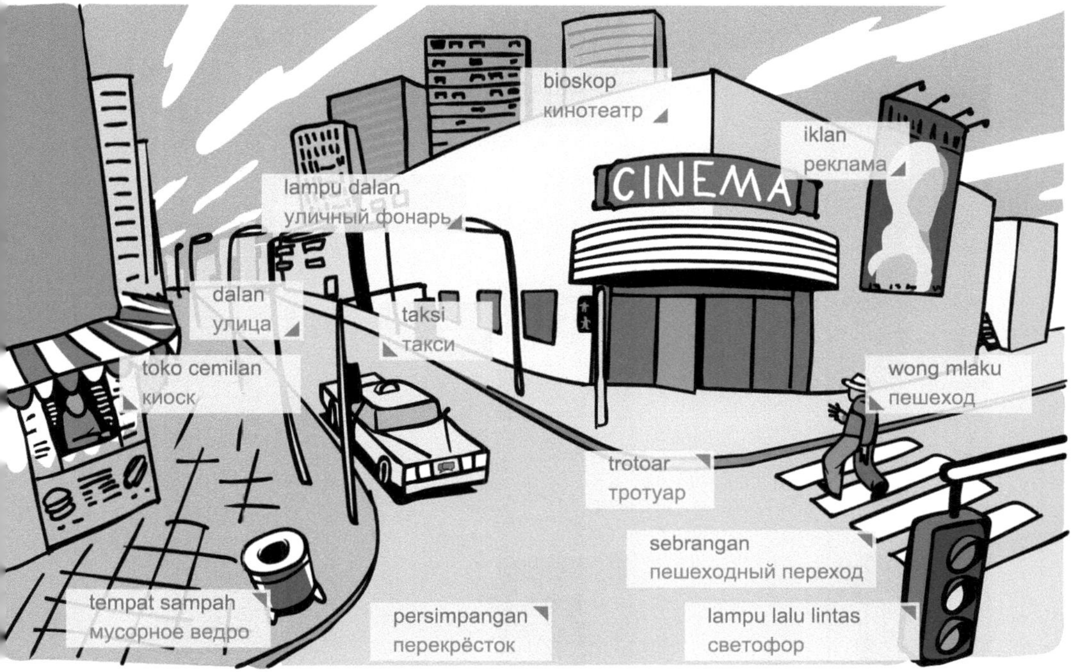

bioskop
кинотеатр
CINEMA
iklan
реклама
lampu dalan
уличный фонарь
dalan
улица
taksi
такси
toko cemilan
киоск
wong mlaku
пешеход
trotoar
тротуар
sebrangan
пешеходный переход
tempat sampah
мусорное ведро
persimpangan
перекрёсток
lampu lalu lintas
светофор

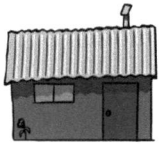

gubuk

хижина

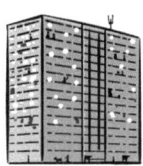

apartemen

квартира

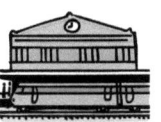

stasiun sepur

вокзал

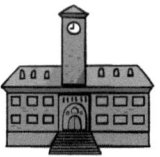

bale kutha

ратуша

MUSEUM

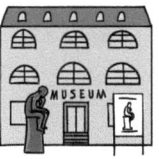

museum

музей

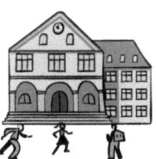

sekolahan

школа

universitas

университет

bank

банк

griya sakit

больница

hotel

гостиница

apotek

аптека

kantor

офис

toko buku

книжный магазин

toko

магазин

toko kembang

цветочный магазин

supermarket

супермаркет

pasar

рынок

toko sarwa ana

универмаг

toko iwak

торговец рыбой

mal

торговый центр

pelabuhan

порт

taman

парк

bangku

скамейка

tretek

мост

andha

лестница

metro

метро

trowongan

тоннель

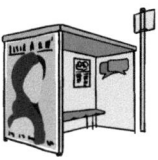

halte bis

автобусная остановка

bar

бар

restoran

ресторан

kotak surat

почтовый ящик

pratandha dalan

табличка с названием
улицы

meteran parkir

паркометр

kebon kewan

зоопарк

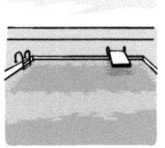

kolam renang

бассейн

masjid

мечеть

kebon

ферма

polusi

загрязнение окружающей среды

kuburan

кладбище

greja

церковь

panggon dolanan

детская площадка

candi

храм

lanskap
ландшафт

godong
лист

plang
дорожный указатель

dalan
дорога

beran
луг

watu
камень

uwit
дерево

wong munggah
путешественник

kali
река

suket
трава

kembang
цветок

lembah

долина

bukit

гора

tlogo

озеро

alas

лес

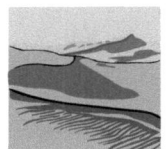

ara-ara

пустыня

gunung geni

вулкан

keraton

замок

kluwung

радуга

jamur

гриб

uwit palem

пальма

lemut

комар

laler

муха

semut

муравей

tawon

пчела

angga-angga

паук

kumbang

жук

kodok

лягушка

bajing

белка

landhak

еж

truwelu

заяц

manuk dares

сова

manut

птица

banyak

лебедь

celeng

кабан

kidang

олень

menjangan

лось

bendungan

плотина

turbin angin

ветряной генератор

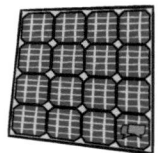

panel srengenge

солнечная батарея

iklim

климат

restoran
ресторан

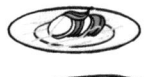

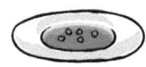

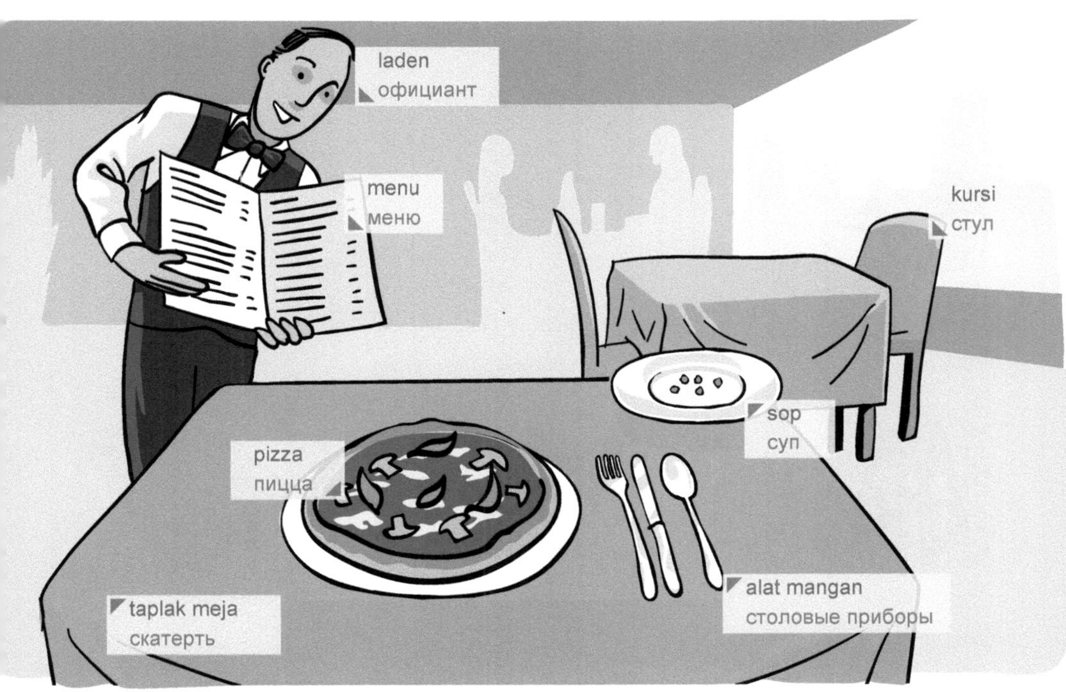
laden
официант
menu
меню
kursi
стул
sop
суп
pizza
пицца
taplak meja
скатерть
alat mangan
столовые приборы

hidangan pambuka

закуска

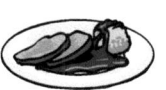

menu utama

главное блюдо

hidangan penutup

десерт

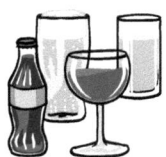

ombenan

напитки

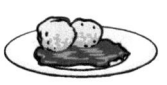

panganan

еда

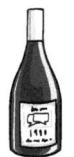

gendul

бутылка

panganan instan

фастфуд

jajan cemilan

уличная еда

ceret teh

чайник

kaleng gula

сахарница

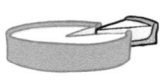

porsi

порция

mesin espresso

кофеварка

kursi duwur

детский стульчик

tagihan

счет

baki

поднос

lading

нож

sendok garpu

вилка

sendok

ложка

sendok teh

чайная ложка

serbet

салфетка

gelas

стакан

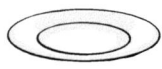

piring

тарелка

piring sop

суповая тарелка

lepek

блюдце

duduh

соус

gendul uyah

солонка

bubuk mrico

мельница для перца

cuka

уксус

lenga

масло

bumbon

специи

saos tomat

кетчуп

mustar

горчица

mayones

майонез

supermarket
супермаркет

tawaran khusus
специальное предложение
FOR
langganan
покупатель
produk saka susu
молочные продукты
woh-wohan
фрукты
troli
тележка для покупок

BUTCHERS

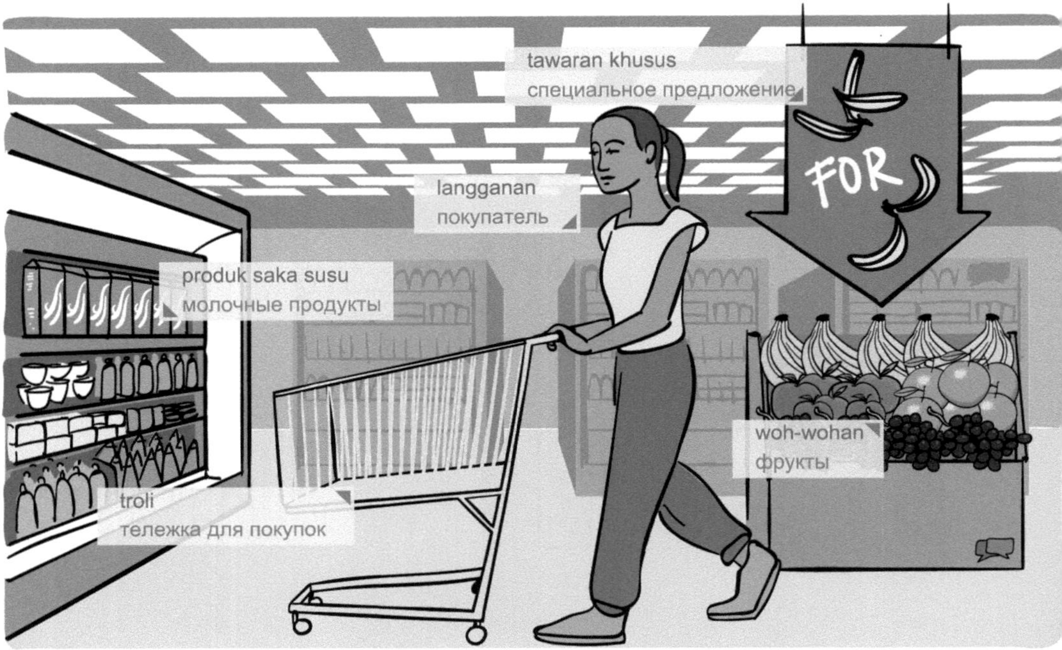

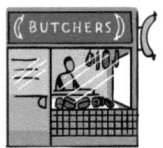

toko daging

мясной магазин

BAKERY

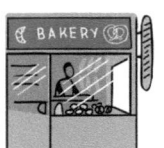

toko roti

пекарня

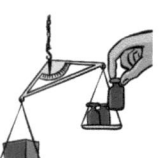

nimbang

взвешивать

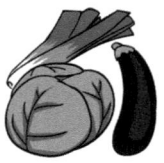

janganan

овощи

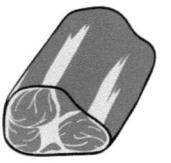

daging panggang

мясо

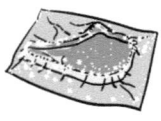

panganan beku

быстрозамороженные продукты

irisan daging

нарезка

panganan kaleng

консервы

deterjen

стиральный порошок

permen

сладости

produk reresik omah

предмет домашнего
обихода

produk reresik

моющее средство

bakul

продавщица

mesin kasir

касса

kasir

кассир

daftar blanja

список покупок

jam buka

время работы

dompet

бумажник

kertu kredit

кредитная карточка

tas

сумка

tas kresek

полиэтиленовый пакет

напитки

banyu

вода

jus

сок

susu

молоко

ombenan kanthi karbon

кока-кола

anggur

вино

bir

пиво

alkohol

алкоголь

coklat

какао

teh

чай

kopi

кофе

espresso

эспрессо

cappuccino

капучино

gedhang

банан

apel

яблоко

jeruk

апельсин

semangka

арбуз

jeruk lemon

лимон

wortel

морковь

bawang

чеснок

pring

бамбук

bawang

лук

jamur

гриб

kacang

орехи

bakmi

лапша

spageti

спагетти

sego

рис

salad

салат

kentang goreng

картофель фри

kentang goreng

жареный картофель

pizza

пицца

hamburger

гамбургер

roti isi

сэндвич

daging irisan

шницель

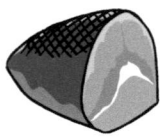

daging ham

ветчина

salami

салями

sosis

колбаса

pitik

курица

daging panggang

жаркое

iwak

рыба

bubur gandum

овсяные хлопья

muesli

мюсли

sereal jagung

кукурузные хлопья

glepung

мука

croissant

круассан

roti

булочка

roti

хлеб

roti panggang

тост

biskuit

печенье

mertega

масло

dadih

творог

kue

пирог

endog

яйцо

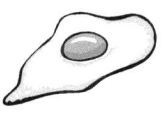

endog goreng

яичница

keju

сыр

es krim

мороженое

gula

сахар

madu

мёд

sele

мармелад

krim nugat

крем с нугой

kare

карри

kebon
ферма

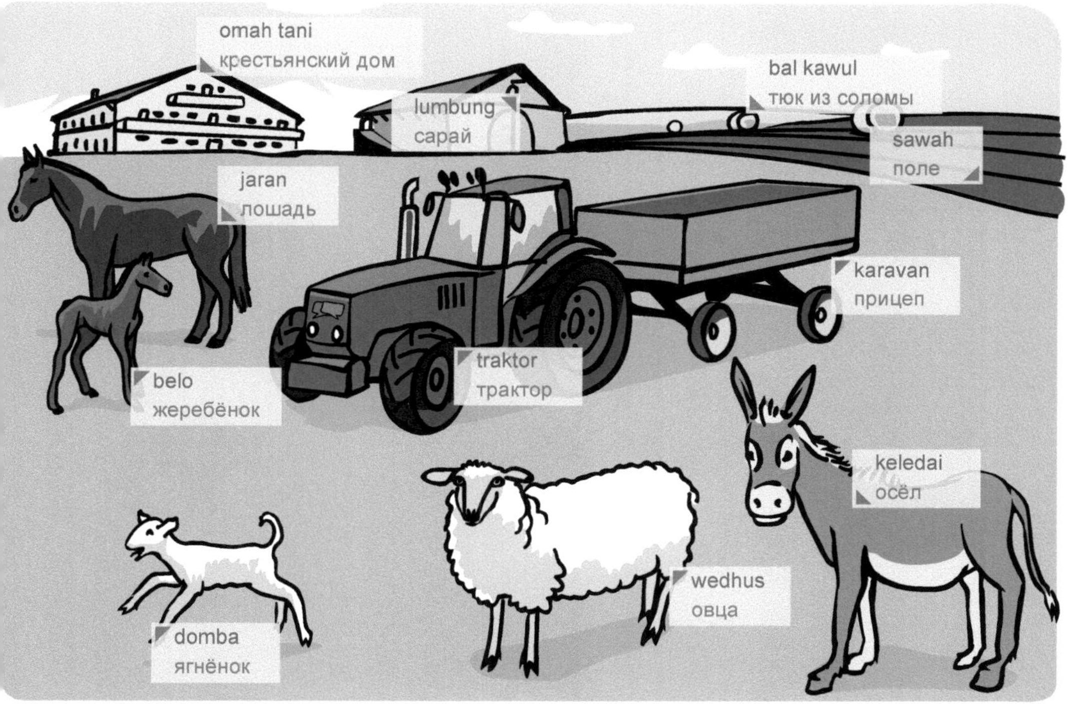
omah tani
крестьянский дом
bal kawul
тюк из соломы
lumbung
сарай
sawah
поле
jaran
лошадь
karavan
прицеп
traktor
трактор
belo
жеребёнок
keledai
осёл
wedhus
овца
domba
ягнёнок

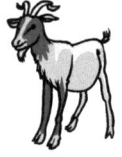

wedhus

коза

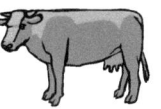

sapi

корова

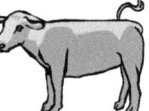

pedhet

телёнок

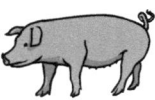

babi

свинья

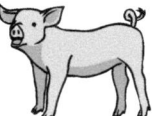

gambluk

поросёнок

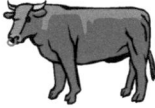

kebo

бык

banyak

гусь

bebek

утка

kuthuk

цыплёнок

babon

курица

jago

петух

tikus

крыса

kucing

кошка

tikus

мышь

sapi

вол

asu

собака

kandang asu

конура

selang

садовый шланг

gembor

лейка

arit gede

коса

waluku

плуг

arit gede

серп

pacul

мотыга

garu

навозные вилы

kapak

топор

grobak surung

тачка

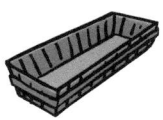

wadah pakan

корыто

kaleng susu

бидон для молока

karung

мешок

pager

забор

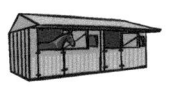

kandang

хлев

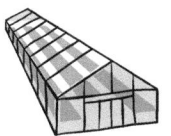

omah kaca

теплица

lemah

почва

wiji

посев

rabuk

удобрение

traktor panen

комбайн

manen

собирать урожай

panen

урожай

ubi

ямс

gandum

пшеница

kedelai

соя

kentang

картофель

jagung

кукуруза

lobak

рапс

wit woh-wohan

фруктовое дерево

telo

маниок

sereal

злаки

omah
дом

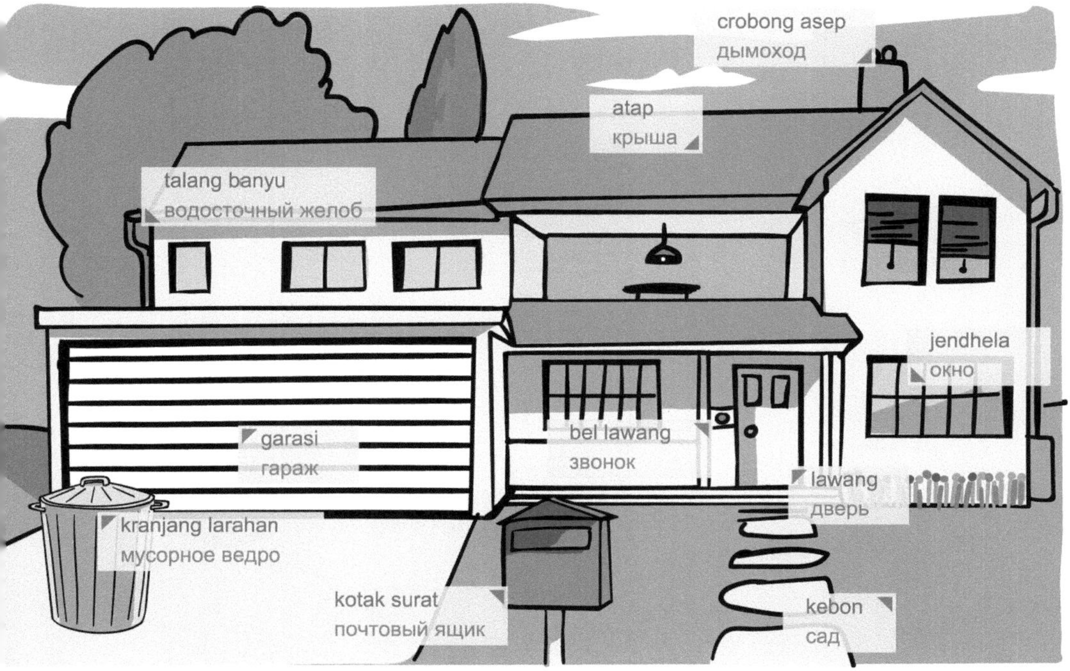

crobong asep
дымоход
atap
крыша
talang banyu
водосточный желоб
jendhela
окно
garasi
гараж
bel lawang
звонок
lawang
дверь
kranjang larahan
мусорное ведро
kotak surat
почтовый ящик
kebon
сад

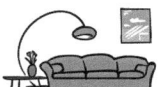

ruang tamu

гостиная

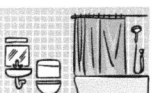

jedhing

ванная комната

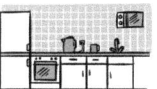

pawon

кухня

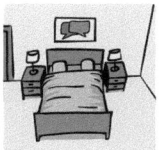

kamar turu

спальня

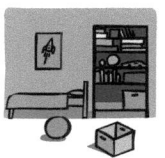

kamar anak

детская комната

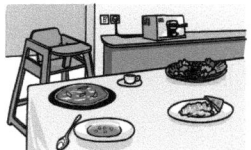

kamar panedhaan

столовая

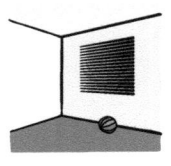

jobin

пол

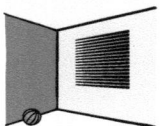

tembok

стена

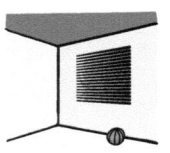

pyan

потолок

gudhang ing njero lemah

подвал

sauna

сауна

balkon

балкон

teras

терраса

blumbang kanggo nglangi

бассейн

mesin kanggo motong suket

газонокосилка

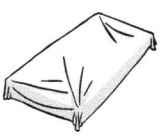

lembaran

пододеяльник

sprei

покрывало

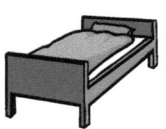

dipan

кровать

sapu

метла

ember

ведро

tombol

выключатель

ruang tamu
гостиная

kertas tembok
обои
gambar
рисунок
lampu
лампа
rak
полка
lemari
шкаф
TV
телевизор
perapian
камин
kembang
цветок
bantal
подушка
sofa
диван
vas
ваза
remot kontrol
пульт дистанционного управления

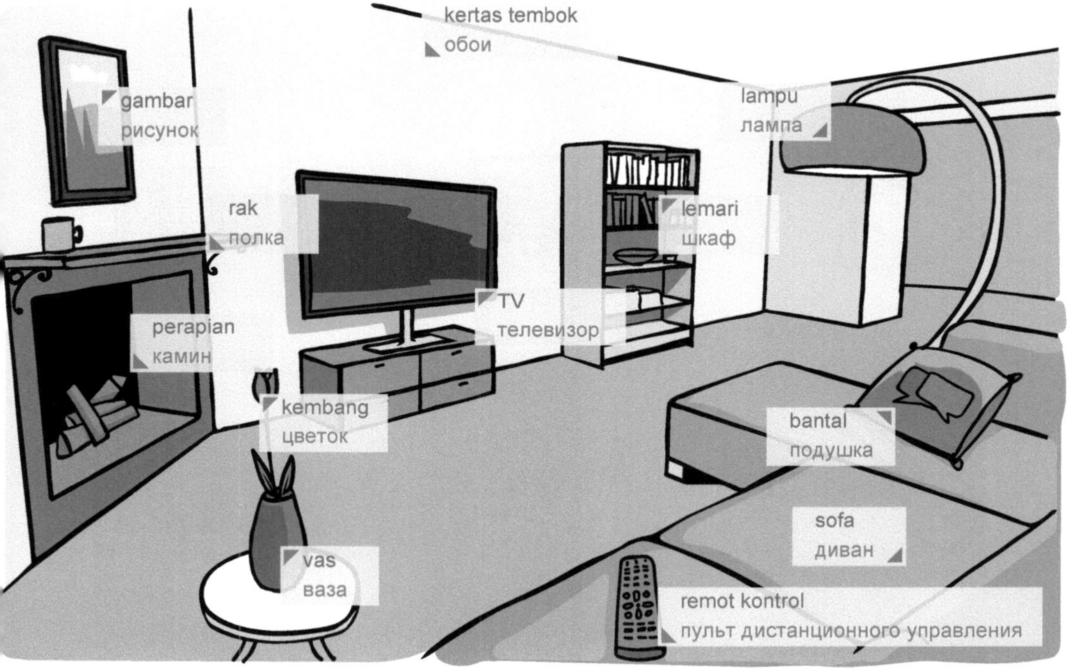

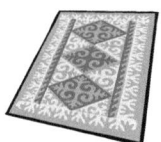

karpet
ковёр

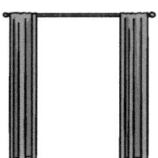

korden
штора

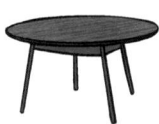

meja
стол

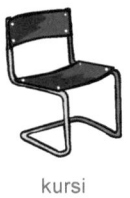

kursi
стул

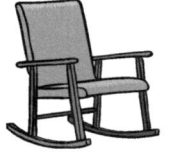

kursi goyang
кресло-качалка

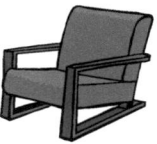

kursi tangan
кресло

buku

книга

selimut

покрывало

dekorasi

украшение

kayu bakar

дрова

film

фильм

hi-fi

стереосистема

kunci

ключ

koran

газета

lukisan

картина

poster

плакат

radio

радио

buku catetan

блокнот

penyedot lebut

пылесос

kaktus

кактус

lilin

свеча

pawon
кухня

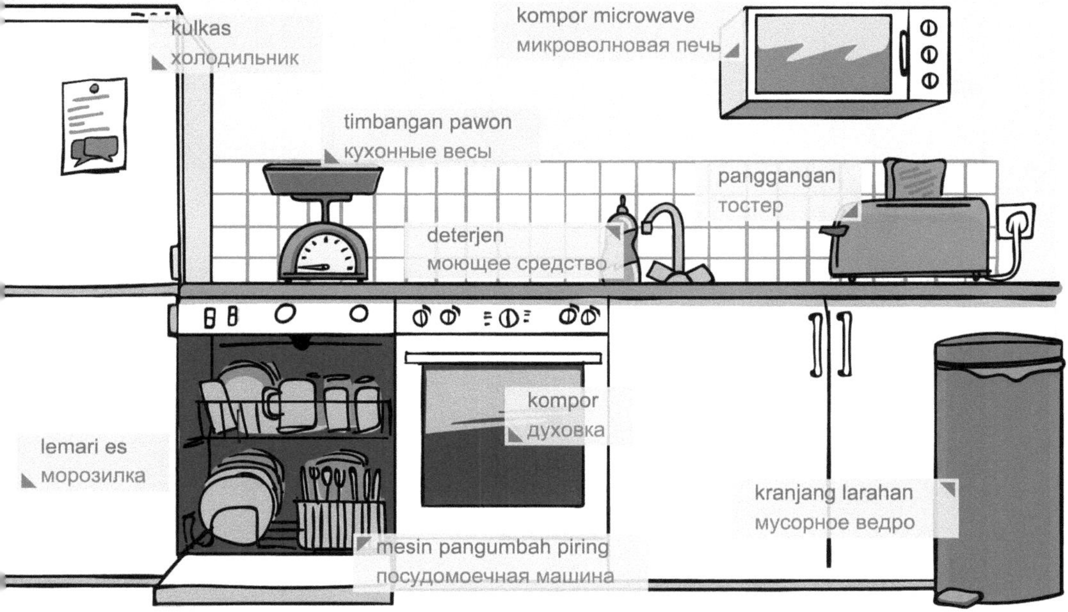
kulkas
холодильник
kompor microwave
микроволновая печь
timbangan pawon
кухонные весы
panggangan
тостер
deterjen
моющее средство
kompor
духовка
lemari es
морозилка
kranjang larahan
мусорное ведро
mesin pangumbah piring
посудомоечная машина

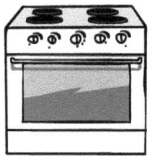

kompor

плита

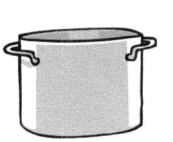

panci

кастрюля

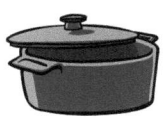

panci wesi

чугунный котелок

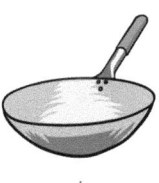

wajan

вок / кадай

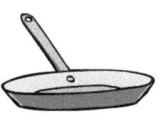

wajan

сковорода

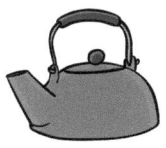

ceret

чайник

kukusan

пароварка

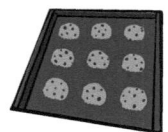

loyang

противень

pecah belah

посуда

mug

кружка

mangkok

миска

sumpit

палочки для еды

irus

половник

solet

лопатка

udeg

сбивалка

ayakan

сито

saringan

сито

parutan

тёрка

lumpang

ступка

panggangan

гриль

geni

костёр

telenan

доска

gilingan adonan

скалка

kotrek

штопор

kaleng

жестяная банка

bukaan kaleng

консервный нож

cempal

прихватка

wastafel

раковина

sikat

щетка

sepon

губка

blender

миксер

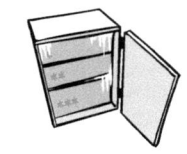

kulkas

морозильная камера

gendul bayi

бутылочка для кормления

kran

кран

jedhing

ванная комната

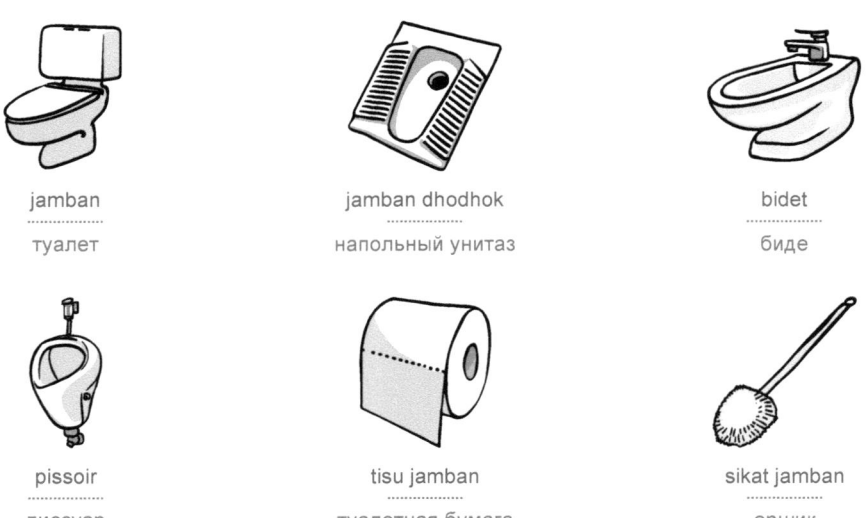

alat manasi
отопление
andhuk
полотенце
pancuran
душ
klambu jedhing
душевая занавеска
adhus unthuk
пенистая ванна
bak adhus
ванна
gelas
стакан
mesin ngumbah
стиральная машина
kran
кран
tekel
плитка
pispot
горшок
wastafel
раковина

jamban

туалет

jamban dhodhok

напольный унитаз

bidet

биде

pissoir

писсуар

tisu jamban

туалетная бумага

sikat jamban

ершик

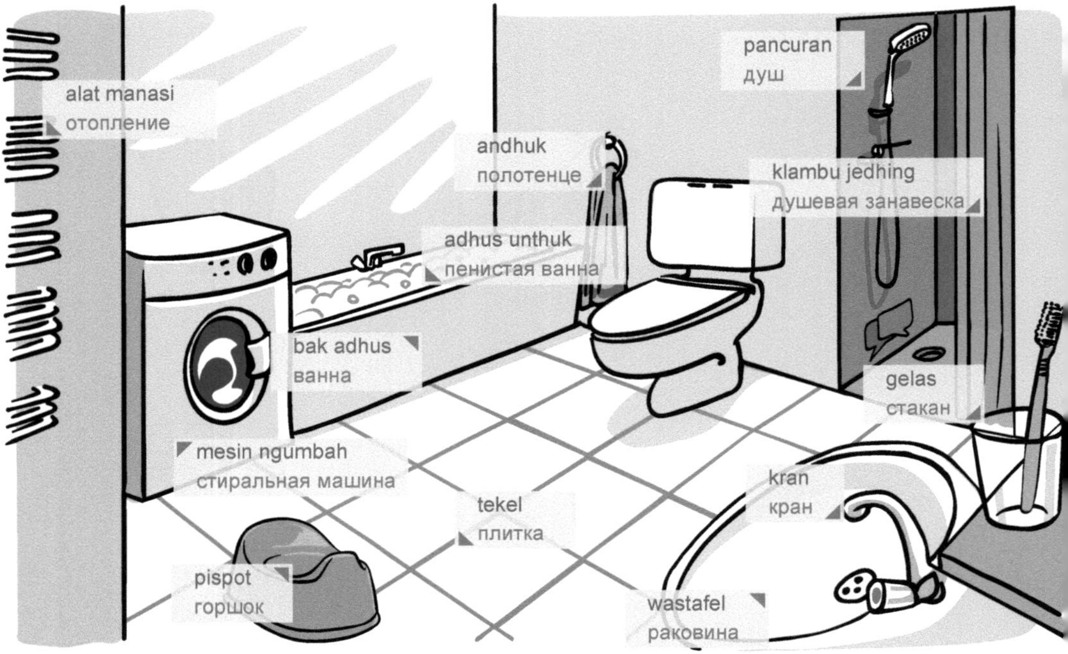

sikat untu

зубная щётка

odol

зубная паста

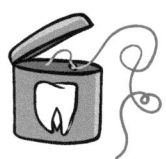

bolah untu

зубная нить

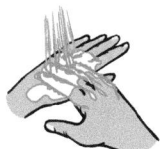

ngumbahi

мыть

gagang shower

ручной душ

pancuran

интимный душ

baskom

таз

sikat geger

щётка для спины

sabun

мыло

gel pancuran

гель для душа

sampo

шампунь

hem

мочалка

nguras

сток

krim

крем

deodoran

дезодорант

pangilon

зеркало

koco tangan

ручное зеркало

silet

бритва

umpluk cukur

пена для бритья

aftershave

лосьон после бритья

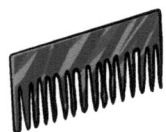

jungkat

расческа

sikat untu

щетка

hairdryer

фен

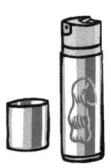

hairspray

лак для волос

dandanan

косметика

gincu

губная помада

kuteks

лак для ногтей

kapas

вата

gunting kuku

маникюрные ножницы

parfum

духи

kantong adhus
························
косметичка

dingklik
························
табуретка

timbangan
························
весы

jubah kanggo sawise adhus
························
халат

sarung karet
························
резиновые перчатки

tampon
························
тампон

pembalut
························
гигиеническая прокладка

jamban nganggo bahan
kimia
························
биотуалет

kamar anak
детская комната

alarm jam
будильник
dolanan empuk
мягкая игрушка
mobil-mobilan
игрушечный автомобиль
kumretek
погремушка
omah boneka
кукольный домик
hadiah
подарок

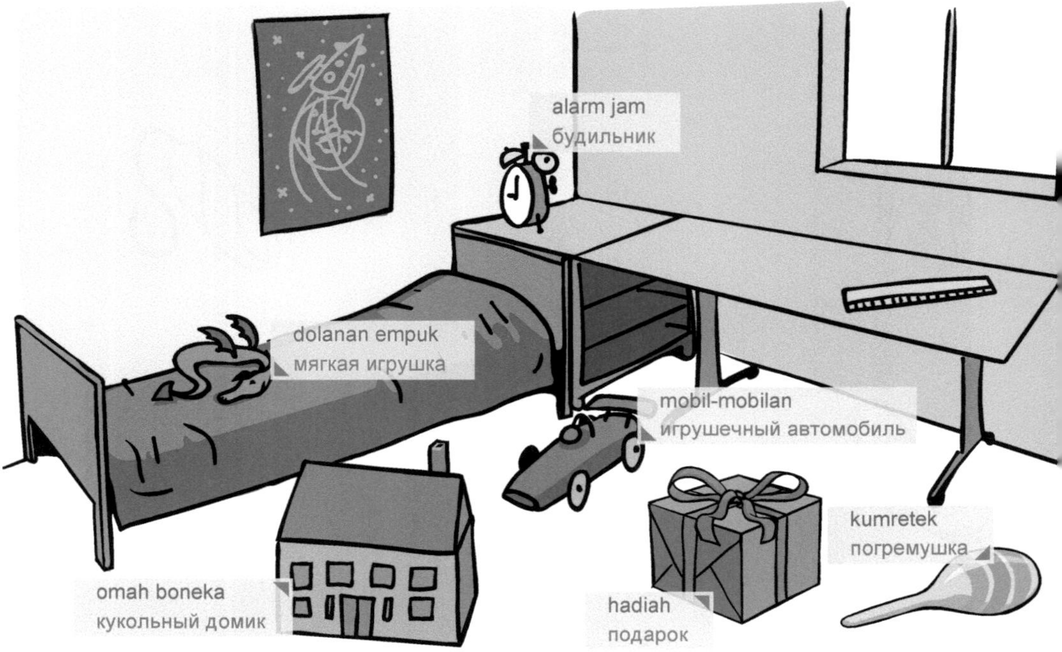

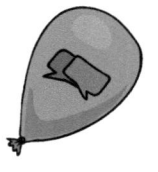

balon

воздушный шар

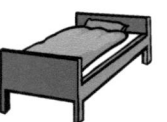

dipan

кровать

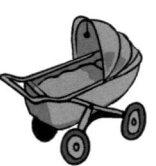

kreto bayi

детская коляска

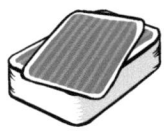

meja kertu

карточная игра

teka-teki

пазл

SUPER MEGA

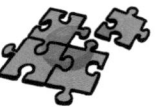

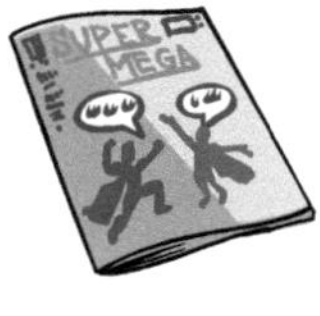

komik

комикс

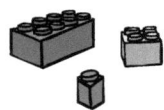

bata lego

кирпичики Лего

balok dolanan

кубики

boneka aksi

игрушечная фигурка

klambi bayi

ползунки

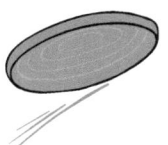

frisbee

фрисби

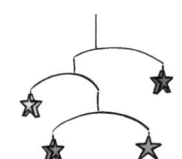

dolanan gantungan

мобиле

dolanan meja

настольная игра

dadu

кубик

sepur dolanan

модель железной дороги

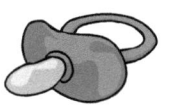

dot

соска

pesta

вечеринка

buku gambar

книга с картинками

bal

мяч

boneka

кукла

dolanan

играть

panggon dolanan pasir

песочница

ayunan

качели

dolanan

игрушка

konsol video game

игровая приставка

sepeda roda telu

трёхколесный велосипед

beruang teddy

плюшевый медвежонок

lemari sandhangan

шкаф для одежды

klambi

одежда

kaos kaki

носки

stoking

чулки

kathok singset

колготки

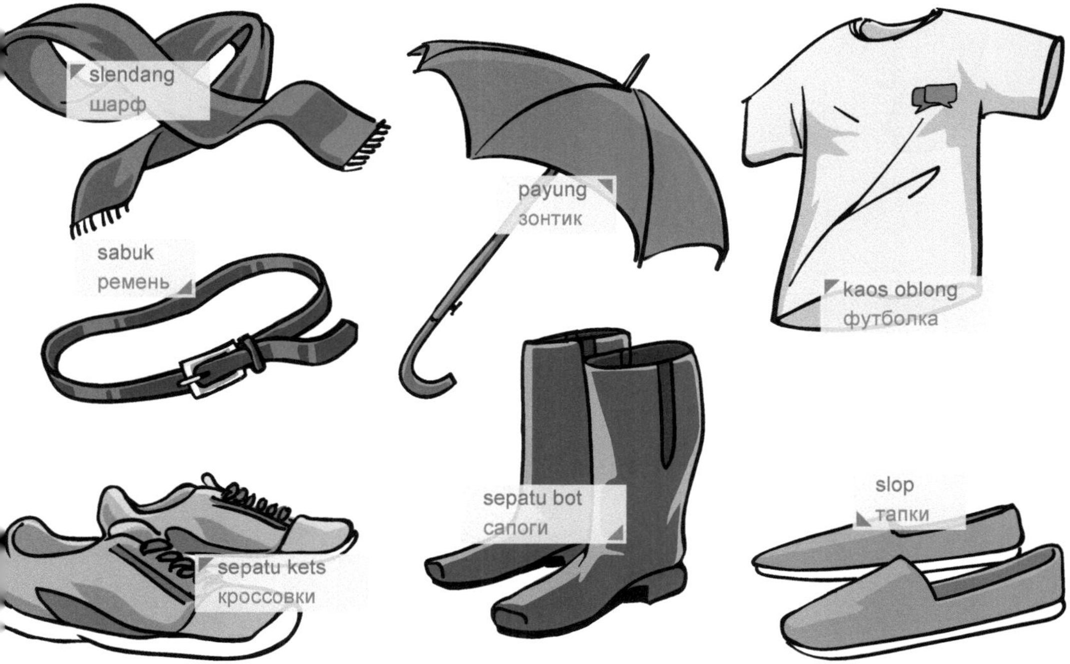

slendang
шарф

payung
зонтик

kaos oblong
футболка

sabuk
ремень

sepatu bot
сапоги

slop
тапки

sepatu kets
кроссовки

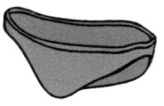

sandal
....
сандалии

sepatu
....
ботинки

sepatu bot karet
....
резиновые сапоги

sempak
....
трусы

kutang
....
бюстгальтер

rompi
....
майка

awak

боди

kathok

брюки

kathok jins

джинсы

rok

юбка

blus

блузка

klambi

рубашка

jaket nganggo kudung

свитер

sweter

свитер

blezer

спортивная куртка

jaket

жакет

mantel

пальто

jas udan

плащ

kostum

костюм

gaun

платье

gaun manten

свадебное платье

setelan

мужской костюм

klambi kanggo turu

ночная сорочка

piyama

пижама

kain sari

сари

kudung

платок

serban

тюрбан

cadar

паранджа

kaftan

кафтан

abaya

абайя

klambi kanggo nglangi

купальник

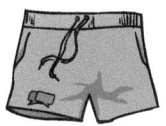

kathok renang

плавки

kathok cekak

шорты

klambi trening

спортивный костюм

celemek

фартук

sarung tangan

перчатки

benik

пуговица

kacamata

очки

gelang

браслет

kalung

цепочка

ali-ali

кольцо

anting-anting

серьга

peci

шапка

gantungan mantel

вешалка

topi

шляпа

dasi

галстук

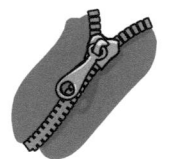

slerekan

застежка молния

helem

шлем

bretel

подтяжки

sragam sekolah

школьная форма

sragam

форма

oto

детский нагрудник

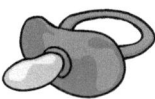

dot

соска

popok

подгузник

kantor

офис

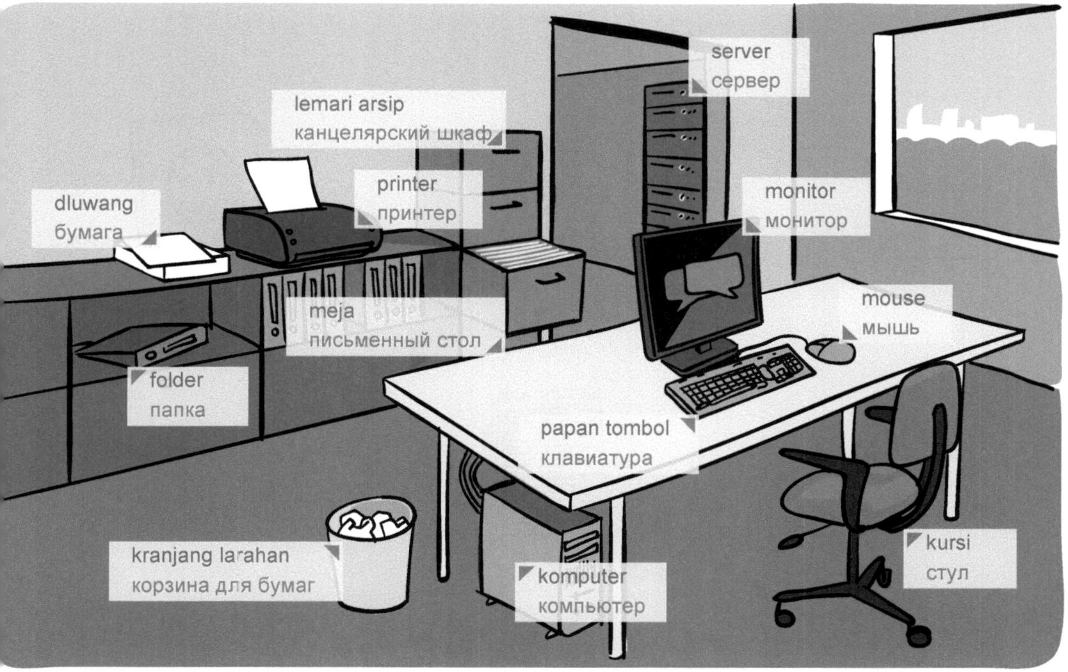

server
сервер

lemari arsip
канцелярский шкаф

printer
принтер

dluwang
бумага

monitor
монитор

mouse
мышь

meja
письменный стол

folder
папка

papan tombol
клавиатура

kranjang larahan
корзина для бумаг

komputer
компьютер

kursi
стул

cangkir kopi

кофейная кружка

kalkulator

калькулятор

internet

интернет

laptop

ноутбук

surat

письмо

pesen

сообщение

HP

мобильный телефон

jaringan

сеть

mesin fotokopi

ксерокс

software

программа

telpon

телефон

colokan

розетка

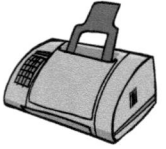

mesin faksimili

факс

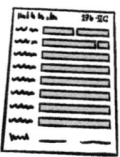

blangko

формуляр

dokumen

документ

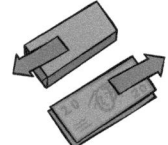

tuku

покупать

mbayar

платить

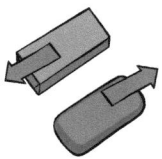

bebakulan

торговать

duit

деньги

 **USD**

dolar

доллар

 **EUR**

euro

евро

 **JPY**

yen

иена

 **RUB**

rubel

рубль

 **CHF**

franc Swiss

франк

 **CNY**

yuan renminbi

жэньминьби юань

 **INR**

rupe

рупия

cash point

банкомат

kantor pertukaran duit mancanegara

пункт обмена валюты

emas

золото

perak

серебро

minyak

нефть

energi

энергия

rego

цена

kontrak

договор

pajek

налог

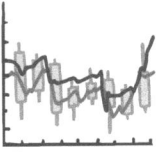

saham

акция

kerjo

работать

pegawe

служащий

juragan

работодатель

pabrik

фабрика

toko

магазин

gawean
профессии

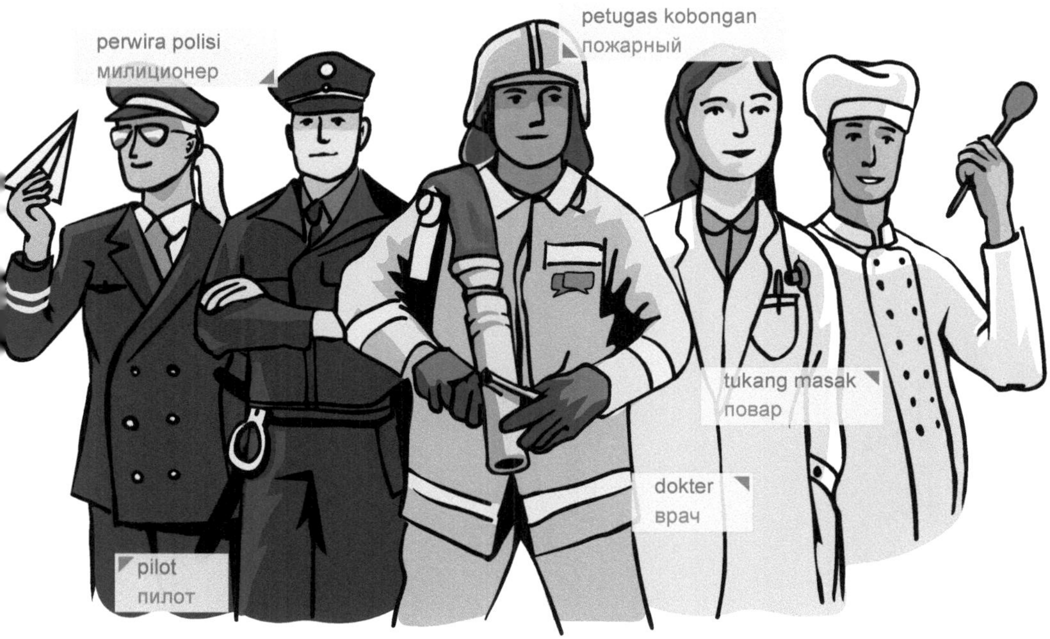

perwira polisi
милиционер
petugas kobongan
пожарный
tukang masak
повар
dokter
врач
pilot
пилот

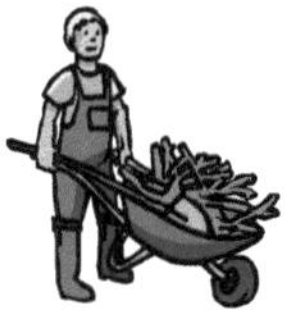

tukang kebon

садовник

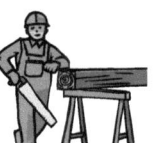

tukang kayu

столяр

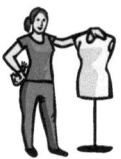

tukang jahit

швея

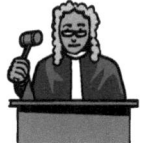

hakim

судья

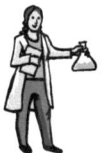

ahli kimia

химик

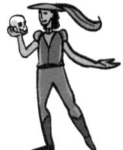

aktor

актёр

sopir bis

водитель автобуса

sopir taksi

таксист

nelayan

рыбак

tukang reresik

уборщица

tukang pasang gendheng

кровельщик

laden

официант

pamburu

охотник

pelukis

художник

tukang roti

пекарь

tukang listrik

электрик

tukang mbangun

строитель

insinyur

инженер

jagal

мясник

tukang ledeng

сантехник

tukang pos

почтальон

tentara

солдат

arsitek

архитектор

kasir

кассир

bakul kembang

флорист

juru rambut

парикмахер

kondektur

кондуктор

mekanik

механик

kapten

капитан

dokter untu

зубной врач

ilmuwan

ученый

rabbi

раввин

imam

имам

biksu

монах

pandhita

священник

alat

инструменты

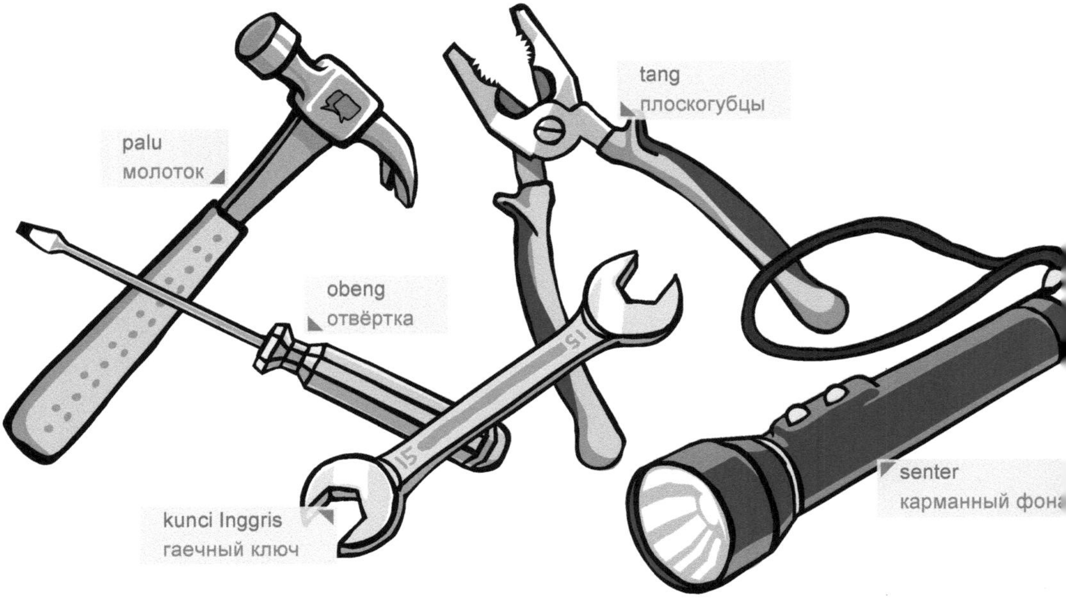
tang
плоскогубцы
palu
молоток
obeng
отвёртка
senter
карманный фона
kunci Inggris
гаечный ключ

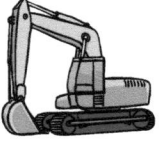

mesin kerukan

экскаватор

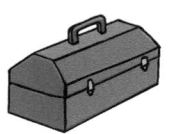

wadah perkakas

ящик для инструментов

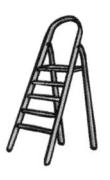

andha

стремянка

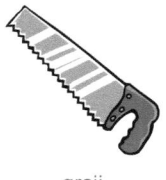

graji

пила

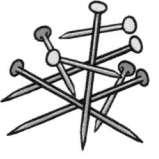

paku

гвозди

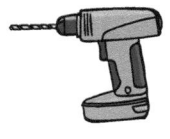

bur

дрель

ndandani

ремонтировать

sekop

лопата

Bajigur!

Блин!

serok

совок

kaleng cat

ведро с краской

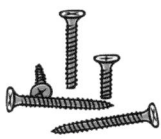

sekrup

винты

alat musik

музыкальные инструменты

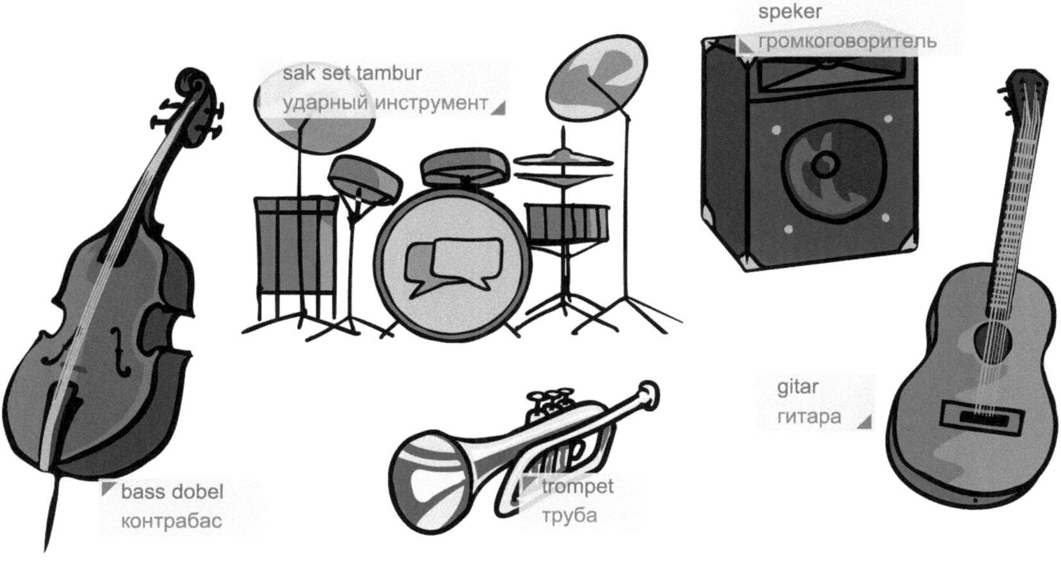

speker
громкоговоритель

sak set tambur
ударный инструмент

gitar
гитара

bass dobel
контрабас

trompet
труба

piano

пианино

biola

скрипка

bass

бас-гитара

timpani

литавры

tambur

барабан

keyboard

синтезатор

saksofon

саксофон

suling

флейта

mikropon

микрофон

macan tutul
тигр

kandang
клетка

sebra
зебра

lawang mlebu
вход

pakanan kewan
корм

panda
панда

kewan

животные

gajah

слон

kanguru

кенгуру

badak

носорог

gorila

горилла

beruang

медведь

unta

верблюд

manuk unta

страус

singa

лев

kethek

обезьяна

flamingo

фламинго

bethet

попугай

beruang kutub

белый медведь

pinguin

пингвин

hiu

акула

merak

павлин

ula

змея

baya

крокодил

juru kunci kebon kewan

служитель зоопарка

singa segara

тюлень

jaguar

ягуар

jaran poni

пони

macan tutul

леопард

kuda nil

бегемот

jrapah

жираф

garudha

орёл

celeng

кабан

iwak

рыба

bulus

черепаха

walrus

морж

rubah

лиса

kidang

газель

olahraga

спорт

bal-balan Amerika
американский футбол

sepedahan
езда на велосипеде

tenis
теннис

basket
баскетбол

nglangi
плавание

tinju
бокс

hoki es
хоккей

bal-balan	badminton	atletik
футбол	бадминтон	лёгкая атлетика
bal tangan	ski	polo
гандбол	лыжный спорт	поло

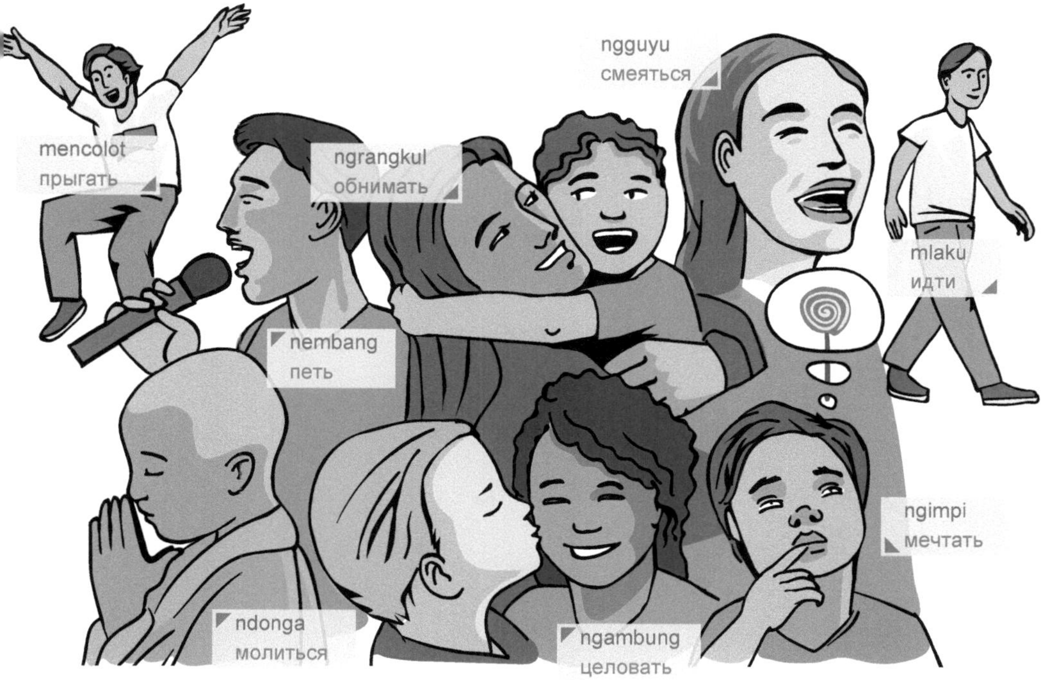

mencolot
прыгать

ngrangkul
обнимать

ngguyu
смеяться

mlaku
идти

nembang
петь

ngimpi
мечтать

ndonga
молиться

ngambung
целовать

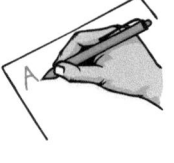

nulis

писать

nggambar

рисовать

nuduhake

показывать

mencet

нажимать

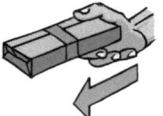

menehi

давать

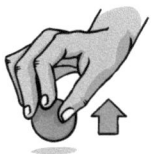

njupuk

брать

duweni

иметь

nindakake

делать

yaiku

быть

ngadek

стоять

mlayu

бежать

narik

тянуть

nguncalake

бросать

tiba

падать

ngapusi

лежать

ngenteni

ждать

nggawa

носить

lungguh

сидеть

klamben

надевать

turu

спать

tangi

просыпаться

ndheleng

рассматривать

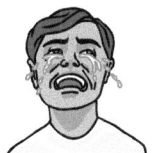

nangis

плакать

ngelus

гладить

njungkati

причесывать

ngomong

говорить

mangerteni

понимать

takon

спрашивать

ngrungoake

слушать

ngombe

пить

mangan

кушать

ngrapiake

наводить порядок

nrisnani

любить

masak

готовить

nyopir

ехать

mabur

летать

nglayar

ходить под парусом

itung

считать

maca

читать

sinau

учиться

kerjo

работать

ngrabi

вступать в брак

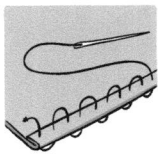

njahit

шить

nyikat untu

чистить зубы

mateni

убивать

ngrokok

курить

ngirim

отправлять

mbah putri
бабушка

mbah kakung
дедушка

bapak
папа

ibu
мама

bayi
младенец

anak wedok
дочь

anak lanang
сын

tamu

гость

bu lik

тетя

pak lik

дядя

dulur lanang

брат

dulur wadon

сестра

awak

тело

bathuk
лоб
mripat
глаз
pundhak
плечо
driji
палец
pasuryan
лицо
janggut
подбородок
tangan
кисть
sikil
нога
payudara
грудь
lengen
рука

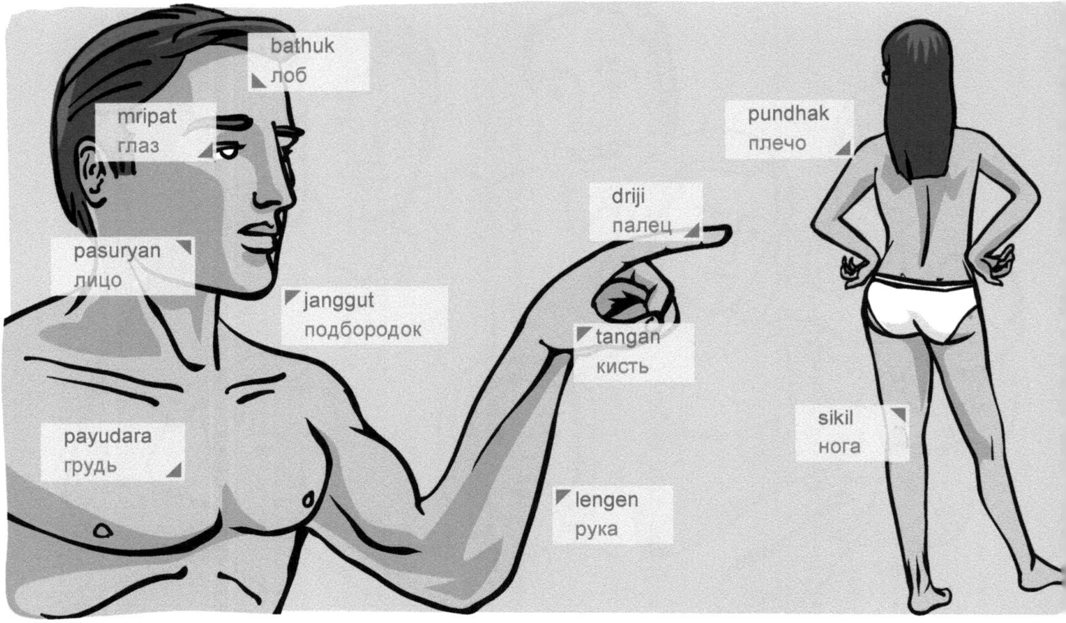

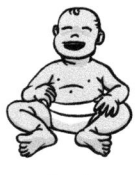

bayi

младенец

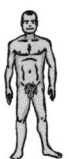

lanang

мужчина

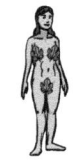

wadon

женщина

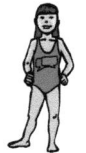

bocah wadon

девочка

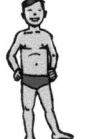

bocah lanang

мальчик

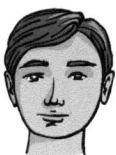

sirah

голова

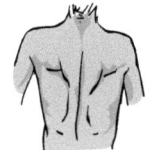

geger

спина

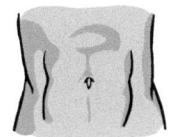

weteng

живот

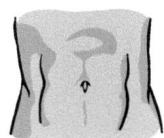

puser

пупок

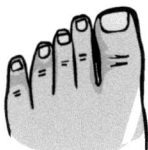

driji sikil

палец ноги

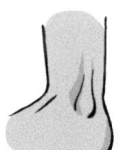

tungkak

пятка

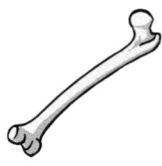

balung

кость

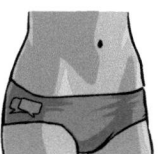

panggul

бедро

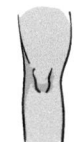

dengkul

колено

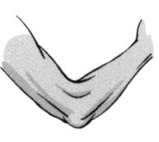

sikut

локоть

irung

нос

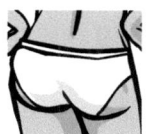

bokong

ягодицы

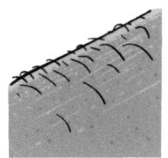

kulit

кожа

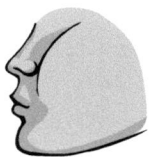

pipi

щека

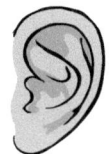

kuping

ухо

lambe

губа

awak - тело

lisan

рот

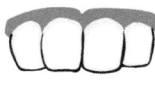

untu

зуб

ilat

язык

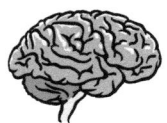

uteg

мозг

jantung

сердце

otot

мышца

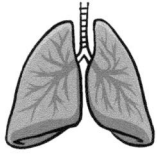

paru

лёгкое

ati

печень

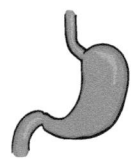

garba

желудок

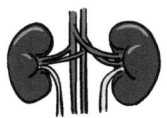

ginjel

почки

sanggama

половой акт

kondom

презерватив

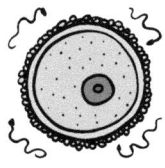

ovum

яйцеклетка

mani

сперма

mbobot

беременность

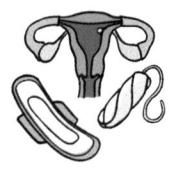

haid

менструация

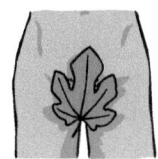

vagina

вагина

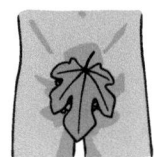

zakar

пенис

alis

бровь

rambut

волосы

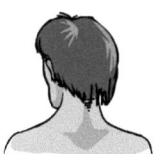

gulu

шея

griya sakit
больница

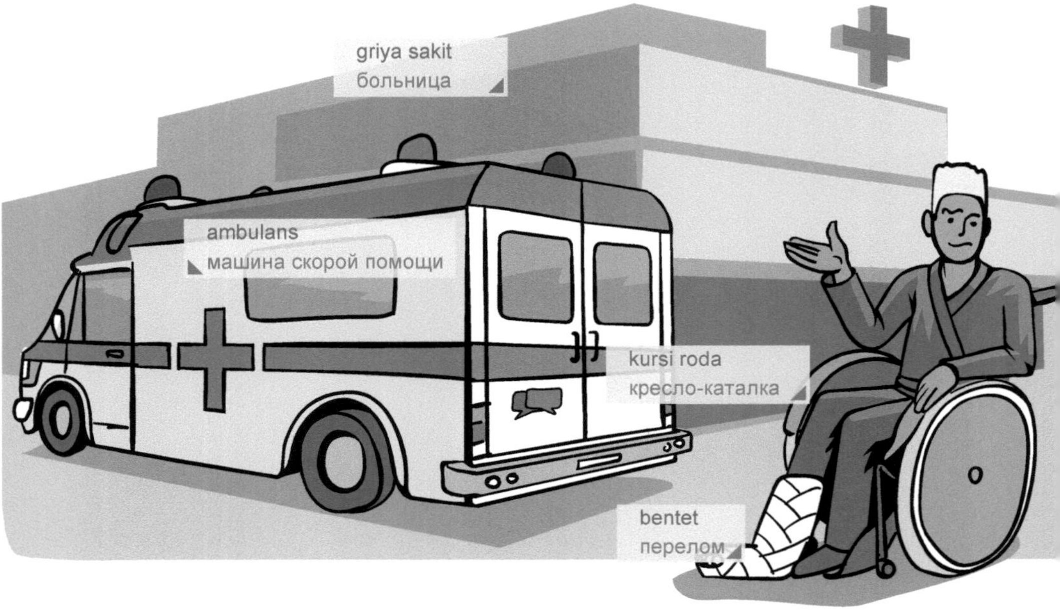

griya sakit
больница
ambulans
машина скорой помощи
kursi roda
кресло-каталка
bentet
перелом

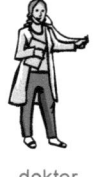

dokter

врач

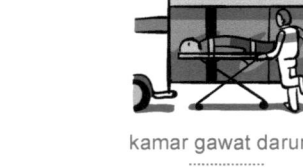

kamar gawat darurat

пункт первой помощи

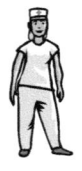

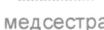

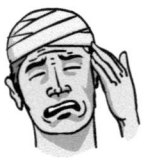

perawat

медсестра

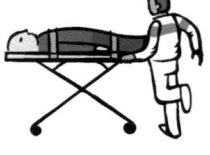

dharurat

неотложный случай

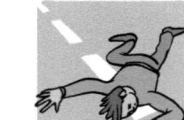

ora sadar

без сознания

linu

боль

tatu

повреждение

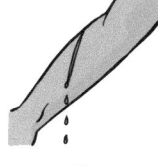

getihen

кровотечение

serangan jantung

инфаркт

setruk

инсульт

alergi

аллергия

watuk

кашель

ngelu

повышенная температура

pilek

грипп

diare

понос

mumet

головная боль

kanker

рак

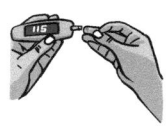

diabetes

диабет

ahli bedah

хирург

lading bedah

скальпель

operasi

операция

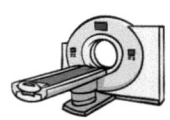

CT

КТ

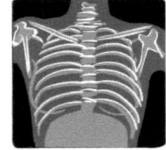

sinar x

рентген

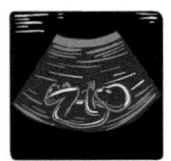

USG

ультразвук

masker

маска

penyakit

болезнь

kamar nunggu

приёмная

pitulung

костыль

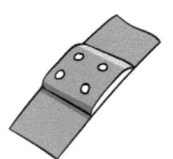

perban

пластырь

perban

бинт

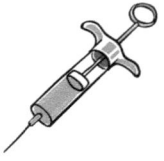

suntik

укол

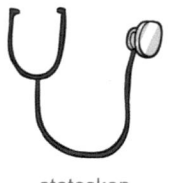

stetoskop

стетоскоп

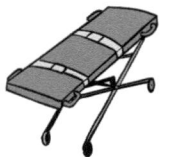

tandu

носилки

termometer klinik

термометр

lair

рождение

kalemon

избыточный вес

alat bantu dengar

слуховой аппарат

disinfektan

дезинфекционное
средство

infeksi

инфекция

virus

вирус

HIV/AIDS

ВИЧ / СПИД

obat

лекарство

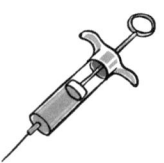

vaksinasi

прививка

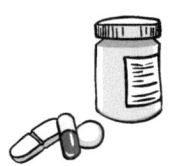

tablet

таблетки

pil

противозачаточная
таблетка

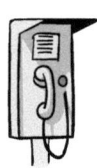

nomer telpon darurat

экстренный вызов

ngukur tensi getih

прибор для измерения
кровяного давления

lara / waras

больной / здоровый

| Tulung! | alarem | sergap |
| Помогите! | сигнал тревоги | нападение |

| serangan | bebaya | lawang metu dharurat |
| атака | опасность | запасной выход |

| Kobongan! | alat mateni geni | kacilakan |
| Пожар! | огнетушитель | несчастный случай |

| pitulungan wiwitan | SOS | polisi |
| аптечка | SOS | милиция |

Eropa

Европа

Amerika Lor

Северная Америка

Amerika Kidul

Южная Америка

Afrika

Африка

Asia

Азия

Australia

Австралия

Atlantik

Атлантический океан

Pasifik

Тихий океан

Samudra Hindia

Индийский океан

Samudra Antartika

Антарктический океан

Samudra Arktik

Северный Ледовитый океан

Kutub Lor

Северный полюс

Kutup Kidul

Южный полюс

Antarktika

Антарктика

bumi

земля

daratan

суша

segara

море

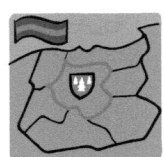

pulau

остров

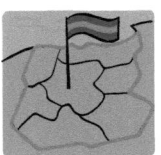

bangsa

нация

negara

государство

layar jam

циферблат

dom jam

часовая стрелка

dom menit

минутная стрелка

dom detik

секундная стрелка

Jam piro saiki?

Который час?

dina

день

wektu

время

saiki

сейчас

jam digital

электронные часы

menit

минута

jam

час

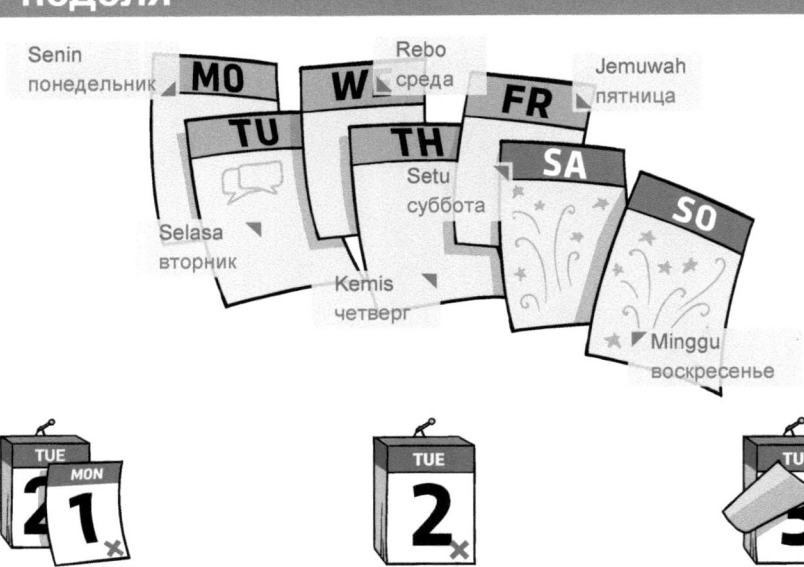

Senin / понедельник — MO
Selasa / вторник — TU
Rebo / среда — W
Kemis / четверг — TH
Jemuwah / пятница — FR
Setu / суббота — SA
Minggu / воскресенье — SO

wingi

вчера

saiki

сегодня

sesuk

завтра

esuk

утро

awan

полдень

bengi

вечер

dina kerja

рабочие дни

akhir minggu

выходные

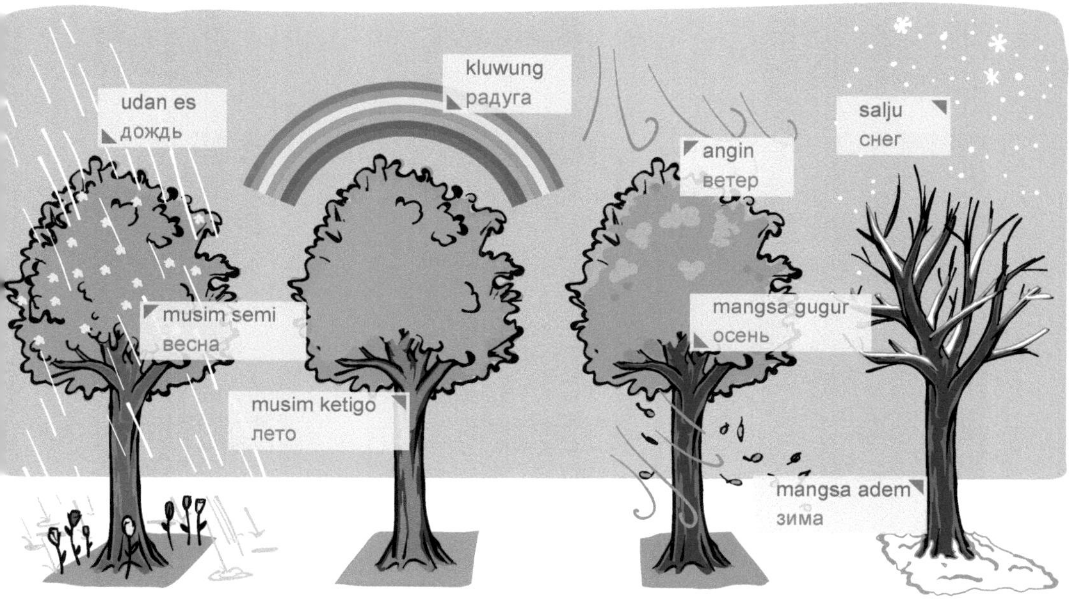

udan es
дождь

kluwung
радуга

salju
снег

angin
ветер

musim semi
весна

mangsa gugur
осень

musim ketigo
лето

mangsa adem
зима

ramalan cuaca

прогноз погоды

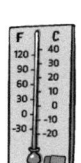

termometer

термометр

srengenge

солнечный свет

mendhung

туча

kabut

туман

kelembapan

влажность воздуха

kilat

молния

bledheg

гром

badai

буря

udan es

град

muson

муссон

banjir

наводнение

es

лёд

Januari

январь

Februari

февраль

Maret

март

April

апрель

Mei

май

Juni

июнь

Juli

июль

Agustus

август

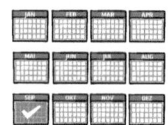

September

....

сентябрь

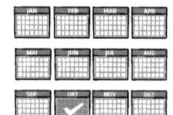

Oktober

....

октябрь

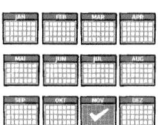

Nopember

....

ноябрь

Desember

....

декабрь

bunder

....

круг

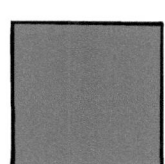

kuadrat

....

квадрат

segi papat

....

прямоугольник

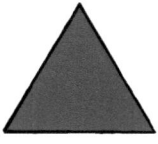

segi telu

....

треугольник

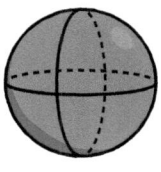

bal

....

шар

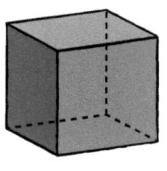

kubus

....

куб

putih

белый

kuning

желтый

oranye

оранжевый

jambon

розовый

abang

красный

ungu

лиловый

biru

синий

ijo

зелёный

coklat

коричневый

abu-abu

серый

ireng

черный

akeh / sithik

много / мало

nesu / kalem

яростный / мирный

ayu / elek

красивый / уродливый

pawitan / pungkasan

начало / конец

gede / cilik

большой / маленький

padhang / peteng

светлый / темный

sedulur lanang / sedulur wadon

брат / сестра

resik / reged

чистый / грязный

pepak / ora pepak

полный / неполный

awan / bengi

день / ночь

mati / urip

мёртвый / живой

jembar / sempit

широкий / узкий

iso dipangan / ora iso
dipangan

съедобный / несъедобный

ala / becik

злой / дружелюбный

seneng / bosen

взволнованный /
скучающий

lemu / kuru

толстый / худой

pisanan / pungkasan

сначала / в конце

kanca / musuh

друг / враг

kebak / kosong

полный / пустой

atos / empuk

твёрдый / мягкий

abot / enteng

тяжёлый / легкий

luwe / wareg

голод / жажда

lara / waras

больной / здоровый

illegal / legal

незаконный / законный

pinter / bodo

умный / глупый

kiwa / tengen

слева / справа

cedhak / adoh

близко / далеко

anyar / lawas

новый / подержанный

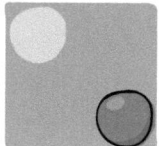

ora ana / ana

ничто / нечто

tuwa / enom

старый / молодой

urip / mati

включено / выключено

buka / tutup

открыто / закрыто

anteng / rame

тихо / громко

sugeh / mlarat

богатый / бедный

bener / salah

правильный /
неправильный

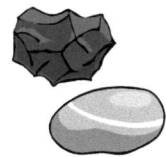

kasar / alus

шероховатый / гладкий

susah / seneng

печальный / счастливый

cendhak / dawa

короткий / длинный

alon / banter

медленный / быстрый

teles / garing

мокрый / сухой

anget / adem

тёплый / прохладный

perang / tentrem

война / мир

0

nol

ноль

1

siji

один

2

loro

два

3

telu

три

4

papat

четыре

5

limo

пять

6

enem

шесть

7

pitu

семь

8

wolu

восемь

9

songo

девять

10

sepuluh

десять

11

sewelas

одиннадцать

12

rolas

двенадцать

13

telulas

тринадцать

14

patbelas

четырнадцать

15

limolas

пятнадцать

16

nembelas

шестнадцать

17

pitulas

семнадцать

18

wolulas

восемнадцать

19

songolas

девятнадцать

20

rong puluh

двадцать

100

satus

сто

1.000

sewu

тысяча

1.000.000

sak yuto

миллион

basa Inggris

английский

basa Inggris Amerika

американский английский

basa Cina Mandarin

мандаринский китайский

basa Hindi

хинди

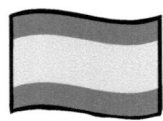

basa Spanyol

испанский

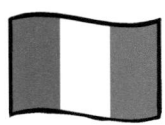

basa Prancis

французский

basa Arab

арабский

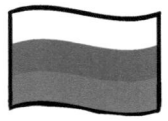

basa Rusia

русский

basa Portugis

португальский

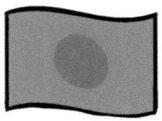

basa Bengali

бенгальский

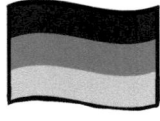

basa Jerman

немецкий

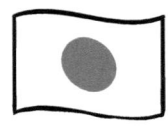

basa Jepang

японский

aku

я

kowe

ты

dheweke

он / она / оно

kita

мы

kowe kabeh

вы

dheweke kabeh

они

sapa?

кто?

apa?

что?

piye?

как?

neng endi?

где?

kapan?

когда?

jeneng

имя

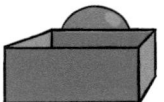

mburi

за

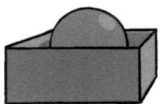

ing jero

в

ing ngarep

перед

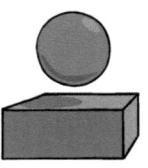

ing dhuwure

над

ing

на

ing ngisore

под

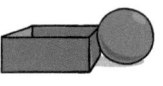

sisih

рядом

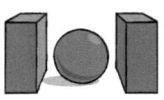

antarane

между

panggonan

место